Fehler ABC
Deutsch – Englisch

von
Heinz Gildhoff

Neubearbeitung 1996

Ernst Klett Verlag
Stuttgart · München · Düsseldorf · Leipzig

Fehler ABC Deutsch-Englisch
von Heinz Gildhoff

Dieses Werk folgt der reformierten
Rechtschreibung und Zeichensetzung.

Gedruckt auf Recyclingpapier, das aus chlorfrei
gebleichtem Zellstoff hergestellt wurde.

2. neubearbeitete Auflage 2 ⁴ ³ ² | 1999 98 97 96
Die letzte Zahl bezeichnet das Jahr des Druckens.

© Ernst Klett Verlag GmbH, Stuttgart 1996.
Alle Rechte vorbehalten.

Redaktion: Katharina Voß, Elizabeth Webster.
Einbandgestaltung: Erwin Poell, Heidelberg; Ilona Arfaoui, Stuttgart.
Druck: Milanostampa, Farigliano.
Printed in Italy.
ISBN 3-12-560644-6

Inhalt

Zu diesem Buch

Es ist relativ leicht beim Erlernen einer Fremdsprache erste Kenntnisse zu erwerben. Doch bald können Unsicherheiten beim Gebrauch sprachlicher Ausdrücke auftreten: Es werden immer wieder Fehler gemacht, die zu Missverständnissen führen.

Dieses Fehler-ABC soll Ihnen helfen diese typischen Fehler auszumerzen, ohne dabei eine Grammatik oder ein Wörterbuch ersetzen zu wollen. Es behandelt über 100 Wörter und idiomatische Wendungen, die für Sie als deutschsprachige Lernende zu den häufigsten Fehlerquellen im Umgang mit dem Englischen gehören.

Bevor Sie den Inhalt dieses Fehler-ABCs studieren, sollten Sie sich über zwei Fragen Klarheit verschaffen:

1. *Welches sind meine typischen Fehler, d. h. an welchen Punkten kann ich meine Leistungen verbessern?*

Sie können Ihre typischen Fehlerquellen herausfinden, wenn Sie den Einführungstest am Anfang des Buches lösen. Die 53 englischen Beispielsätze weisen Lücken auf und sind durch den passenden englischen Ausdruck zu ergänzen. Die deutsche Entsprechung ist jeweils in Klammern angegeben. Das „Test"-Ergebnis wird Ihnen zeigen, an welchen Stellen immer wieder dieselben Fehler passieren.

2. *Wie kann ich meine Leistungen verbessern?*

a) Lesen Sie zunächst die zu Beginn der einzelnen Stichwörter gegebenen Hinweise und prägen Sie sich ein, was diese für Sie an Neuem enthalten.

b) Danach übersetzen Sie mündlich, oder besser sogar schriftlich, die auf der linken Hälfte aufgeführten deutschen Beispiel- und Übungssätze.

c) Nun legen Sie zur Kontrolle die beigegebene rote Klarsichtfolie auf die rechte Seitenhälfte: die richtige Übersetzung wird lesbar. Sie vergleichen diese mit Ihrer Übersetzung und wissen nun genau, ob Sie das richtige Ergebnis haben, welche Fehler Sie gemacht haben, und Sie können feststellen, welche Fehlerquellen Ihnen bislang vielleicht noch nicht voll bewusst waren.

Der Lernerfolg erhöht sich, wenn Sie den Stoff mehrmals von vorn durcharbeiten, d. h. durchlesen, übersetzen und vergleichen. Die Zahl Ihrer Fehler wird dabei gewiss immer geringer, und Sie spüren, wie Sie im Gebrauch des Englischen sicherer werden.

Falls Sie auch nach mehrmaligem Üben einige Probleme nur schwer in den Griff bekommen, sollten Sie dies am Seitenrand rot markieren und dann das gesamte Fehler-ABC daraufhin nochmals konzentriert durcharbeiten.

Und hier noch Erklärungen zu einigen Abkürzungen, die immer wieder auftauchen:

adj.	adjective	Adjektiv
adv.	adverb	Adverb
inf.	infinitive	Infinitiv
fam.	familiar	umgangssprachlich
fig.	figurative(ly)	im übertragenen Sinn
o.s.	oneself	sich
o.'s	one's	ihr/sein eigenes
s.o.	someone	jemand(en)
s.th.	something	etwas

Wir wünschen Ihnen viel Spaß beim Durcharbeiten des Fehler ABCs und vor allem viel Erfolg!

6

Einführungstest

Die richtigen Lösungen finden Sie auf S. 89.

1. I'll ... the dinner. (bezahlen)
2. We ... go to the cinema. (fast nie)
3. The climate here is very ... . (gesund)
4. I am convinced that it's his ... . (Schuld)
5. They phoned from a ... telephone box. (nahe)
6. We all laughed at ... he said. (das, was)
7. I'm always ... when I fly. (übel)
8. I'll never ... anything from him again. (leihen)
9. I hadn't any money left and he
   hadn't, ... (auch nicht)
10. The scenery ... me ... Scotland. (erinnern an)
11. Don't tell Caroline, you know how ...
    she is. (sensibel)
12. The ... weren't very favourable. (Kritiken)
13. We have to walk ... two miles. (weitere)
14. Why did you ... all the lights on? (lassen)
15. The bridge will be ... next week. (fertig)
16. Two valuable paintings were ... from the
    museum. (geraubt)
17. Could I ... your phone? (benutzen)
18. This is the ... bakery, but also the most
    expensive. (nächste)
19. What's the matter with him, he doesn't
    look very ... . (gesund)
20. It... the chimpanzees that got the most
    attention. (waren)
21. The weather didn't ... very ... this
    morning. (gut aussehen)
22. I don't know if we can come, I have to
    check my diary ... . (zuerst)
23. I am not used ... kept waiting. (zu werden)
24. The doctor wrote out a ... . (Rezept)
25. A lot of houses have been built here
    in the ... years. (letzte)

26. He ... us how he had done it. (erklärte)
27. The latest ... hasn't been published. (Daten)
28. I didn't know ... language they were speaking. (was für eine)
29. Are the potatoes ... yet? (kochen)
30. I won't be here in the next ... weeks. (beide)
31. He is a good student, but he lacks ... . (Selbstbewusstsein)
32. I don't approve of the government's ... . (Politik)
33. Paul's greatest ... is that he can't keep a secret. (Fehler)
34. It wasn't my ... . (Schuld)
35. I didn't like him ... . (zuerst)
36. Your excuses certainly show a great deal of ... . (Fantasie)
37. Let me tell you very ... what I've heard. (kurz)
38. This cake is delicious, you must give me the ... . (Rezept)
39. When ... he born? (ist)
40. We ... that a car was following us. (bemerkten)
41. He is too proud to ... . (sich entschuldigen)
42. I am worried about the ... developments in the telecommunications industry. (letzte)
43. He can ... very well. (kochen)
44. You mustn't believe everything he ... . (erzählt)
45. You'd better take a bus. It's too far to ... . (gehen)
46. One of the men was short and ... . (dick)
47. He's been ... for the last two weeks. (krank)
48. I've promised not to ... anyone. (es sagen)
49. I can ... you to the airport. (bringen)
50. ... will think you're stupid if you do that. (die Leute)
51. I really ... come along. (wollen, dass er)
52. You ... tell me if you don't want to. (muss nicht)
53. I'll ... the salad. (bekomme)

8

Verzeichnis der deutschen Stichwörter

mit Seitenangabe

Fehler-ABC: „aktuell" bis „zuletzt"

1

aktuell, aktualisieren

Es gibt im Englischen kein Wort, das dem deutschen Wort „aktuell" ganz entspricht. Nahe kommen:

current – von heute (Zeitbestimmung)
topical – wichtig für heute (Wertung)

to update – aktualisieren

Im Fernsehen gab es gestern Abend eine höchst interessante Reportage über aktuelle Ereignisse.

Das ist ein sehr aktuelles Thema für eine Debatte.

Die aktuellen Probleme des Hochschullebens sind zahlreich.

Könnten Sie die Zahlen aktualisieren?

Aufgepasst!

actual – tatsächlich

Was ist das tatsächliche Ergebnis der Besprechung?

Wer ist tatsächlich für das Unglück verantwortlich?

apropos

speaking of which, that reminds me

Apropos Steuerberater,
meiner hat immer noch
nicht zurückgerufen.

„Wir haben die Telefon-
rechnung bekommen …"
„Apropos – wir haben
immer noch nicht die
Stromrechnung bezahlt."

Aufgepasst!
apropos – passend, treffend

Seine Bemerkung war
sehr passend.

Art

kind, sort – Art, Gattung, Typ
way – Art und Weise
manner – Betragen, Auftreten; seltener: Art und Weise

Er hat es auf seine Art
gemacht.

Sie spielt eine Art Jazz.

Ich mag seine Art nicht.

Versuchen Sie es auf diese
Art zu machen.

Aufgepasst!
art – Kunst

4

auch nicht

In verneinten Sätzen sind *too* und *also* im Allgemeinen
nicht möglich. Dafür tritt *not ... either* ein. In der Antwort auf einen vorangehenden verneinten Satz verwendet
man *neither/nor*.

Ich kann auch nicht
schwimmen.

„Tom kam nicht." –
„David auch nicht."

Er konnte mir auch nicht
helfen.

„Ich habe den Film nicht
gesehen." – „Ich auch
nicht."

Wo mag der Schlüssel
sein? Ich habe im Wohn-
zimmer nachgesehen und
dann in der Küche, aber
dort war er auch nicht.

Tom kam nicht und David
kam auch nicht.

Aufgepasst!
Waren Sie auch nicht da?
Waren Sie nicht auch da?

Der zweite Satz hat positiven Sinn!

aussehen/ansehen

to look + *adj.* (meist in der einfachen Form) – aussehen
to look at + *adv.* (häufig in der Verlaufsform) – ansehen

Ohne Brille sieht er ganz anders aus.

Er sah mich komisch an.

Er sah komisch aus.

Finden Sie nicht, dass sie wirklich sehr glücklich aussieht?

Bank

bank – Geldinstitut
bench – Sitzgelegenheit

Ich muss zur Bank gehen.

Wir wollen uns auf die Bank setzen.

Die Bank wird den Scheck einlösen.

Sie saßen auf einer Bank im Park.

Aufgepasst!
Don't bank on it! – *Verlass'* dich nicht *darauf*!

beide

two – zwei aus einer beliebigen Menge, zwei von vielen
both – der eine und der andere von zweien, zwei von zweien

Verneinung von *both* mit *neither/not … either*. Dabei steht das Verb im Singular!

Diese Sätze sind beide richtig.

Diese Sätze sind beide nicht richtig.

Nur die ersten beiden Sätze sind richtig.

Ich werde diese beiden Hemden nehmen. Das sind die beiden, die mir am besten gefallen.

Ich kann mich nicht entscheiden, ich glaube, ich werde sie beide nehmen.

Die Polizei sucht nach den beiden Kindern, die gestern weggelaufen sind. Ich kenne sie beide nicht.

Was hast du in den letzten beiden Wochen gemacht?

Sie sahen beide sehr müde aus.

Aufgepasst!
Artikel + *both* ist im Englischen unmöglich.
Die beiden sind k.o. – *Both of them* are exhausted.

bekommen

8

to get – erhalten
to have – bekommen (Kind, Besuch)
to order – bestellen

Wir bekommen viel Post.

Greg und Sue haben eine
Neuigkeit: Sie bekommen
ein Kind.

Dort bekommen Sie im-
mer ein leckeres Essen.

Er bekommt den Salat.

Aufgepasst!

to become/(get) – werden

bemerken

9

to notice – aufmerksam werden auf
to remark – sagen, eine Bemerkung machen

Ich bemerkte Fußspuren,
die zum Tatort führten.

„Es wird immer schwie-
riger", bemerkte er.

Haben Sie seine Hände
bemerkt?

Sie bemerkte, dass sie ihn
gestern Abend gesehen habe.

Aufgepasst!

to realize – merken (geistige Wahrnehmung)

10 ein besonderer, besonders

particular – ein bestimmter
special – ein außergewöhnlicher

Die Adverbien *particularly* und *especially* sind weitgehend synonym.

Ich hätte gern ein paar Rosen. – Haben Sie an eine besondere Farbe gedacht?

In besonderen Fällen zahlen wir die doppelte Summe.

Ich erinnere mich nicht, wo ich an diesem bestimmten Tag war.

Diesen besonderen Anlass müssen wir mit einer Flasche Sekt feiern.

Gordon liebt seine Tiere, besonders seinen Hund.

Aufgepasst!
nothing special, nothing in particular – nichts Besonderes

11 bezahlen

to pay s.o. – jdn bezahlen
to pay money (a price, o.'s rent, debts etc.) – (be)zahlen
aber: *to pay for s.th.* (goods) – etw bezahlen

Er musste 5 Pfund (be)zahlen.

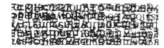

Ich habe das Fleisch noch nicht bezahlt.

Hast du den Gepäckträger schon bezahlt?

Er konnte die Miete nicht zahlen.

Wer hat mein Bier bezahlt?

Sie hat den/die Taxifahrer/in schon bezahlt.

Boden

12

ground – Boden (Erde)
floor – Boden (eines Zimmers)
bottom – Boden (eines Gefäßes)

Der Preis steht immer noch am Boden der Vase.

Der Boden ist viel zu hart, um Rugby zu spielen.

Der Brunnen war so tief, dass man den Boden nicht sehen konnte.

Der Boden muss gesaugt werden.

Nach dem heftigen Regen war der Boden sehr nass.

Der Boden ist eben sauber gemacht worden.

Aufgepasst!
The bottom of the sea, the sea-bed – der Meeresboden

13

böse

bad – böse (allg.)
cross – ärgerlich (Umgangssprache)
angry – zornig (stärker als *cross*)

Sei mir nicht böse!

Es wird böse enden mit ihr.

Ich habe ihn nie so böse gesehen.

Ich verstehe nicht, dass Sie deswegen so böse sind.

Es sieht böse aus.

Seine Mutter wurde zuletzt ziemlich böse.

14

brauchen

to use – benutzen, ge-brauchen, ver-brauchen
to need – nötig haben
to take – Zeit brauchen
need not – nicht brauchen, nicht müssen

Ich kann dieses Messer nicht gebrauchen, es ist nicht scharf genug.

Ich brauche ein anderes Messer.

Man braucht zwei Stunden bis nach London.

Wir brauchen nicht zu laufen, wir haben genug Zeit.

Chris gebraucht immer eine
elektrische Zahnbürste.

Ich brauchte länger, als
ich dachte.

Letztes Mal brauchten
wir nicht zu laufen, wir
hatten genug Zeit.

Du brauchst einen
Zahnarzt-Termin.

bringen

15

Es gibt zwei englische Entsprechungen, je nach der
Bewegungsrichtung vom Sprecher aus:

to bring – her-bringen   ● ←
to take – weg-bringen   ● →

Er brachte mir sehr schö-
ne Blumen zum Geburts-
tag.

Können Sie mich mit
Ihrem Wagen zum Bahn-
hof bringen?

Hast du daran gedacht
die Schuhe mitzubringen?

Er wurde ins Kranken-
haus gebracht.

16

Chef/Chefin

boss – Vorgesetzte/r, Meister (das umgangssprachliche
      Allerweltswort)
manager – Direktor/in, Geschäftsführer/in

Die Chefin sieht es nicht
gern, wenn wir zu spät
kommen.

Wenn Sie mich nicht so-
fort bedienen, werde ich
mich bei Ihrem Chef be-
schweren.

Wie ist dein neuer Chef?

Sie ist die Chefin einer
Zweigstelle.

Aufgepasst!
„Mein Chef/meine Chefin" kann wiedergegeben werden
durch *my boss*, oder durch *the manager*. Nur bei *boss*
kann ein Possessivpronomen stehen.

chef – Koch/Köchin, Küchenchef
chief – Häuptling; als „Chef" nur in Zusammensetzungen:
Chief of Staff – Stabschef;
Chief Executive Officer (C.E.O.) – Geschäftsführer/in

17

Datum, Daten

date – Zeitangabe, Datum
data – wissenschaftliche Angaben, Daten. Bei *data* steht
      das Verb meistens im Singular.
readings – Messdaten

Sie gaben ihr Geburtsdatum an.

Die Daten wurden in den Computer eingegeben.

Die Daten auf den Instrumenten waren höher als erwartet.

Die Daten wurden dreimal überprüft, bevor der Fehler entdeckt wurde.

Was haben wir heute für ein Datum?

Er hat die neuesten Daten sorgfältig notiert.

Aufgepasst!

date – Verabredung
appointment – geschäftliche Verabredung, Termin beim Arzt

Anna hat heute Abend eine Verabredung mit Paul.

Morgen habe ich einen Termin beim Zahnarzt.

18

dick

thick – dick, dicht (nicht für Personen)
fat – dick, beleibt (für Personen, heißt nicht „fett")
big, heavy – korpulent (beschönigender Ausdruck für *fat*)

Alte Häuser haben meistens dicke Wände.

Er ist korpulent.

Ich fühle mich richtig dick.

Das ist aber ein dickes Buch!

Er wird jeden Tag dicker.

Aufgepasst!

Ich bin zu dick geworden.

19

eigen

own steht immer in Verbindung mit einem Possessivpronomen. Die Wortstellung muss besonders beachtet werden:

my own book
your own book
his own book, etc.

a book of my own
a book of your own
a book of his own, etc.
no books of my own
some books of my own

Nur zu leicht beurteilen die Leute fremde Bräuche nach denen des eigenen Landes.

Sarah hat ein eigenes Zimmer.

Kümmere dich um deine
eigenen Angelegenheiten!

Derek hat kein eigenes
Zimmer.

Haben Sie auch eigene
Möbel in Ihrem Zimmer?

Ja, ich habe einen Tisch
und ein paar eigene Stühle.

entschuldigen

to excuse s.o./s.th. – jdn/etw entschuldigen
to apologize (to s.o. for s.th.) – sich entschuldigen: (jdn)
um Verzeihung bitten
(wegen)

Entschuldigen Sie bitte
die Unordnung in mei-
nem Zimmer.

Er entschuldigte sich da-
für mich unterbrochen
zu haben.

Entschuldigen Sie, dass ich
Sie unterbrochen habe.

Entschuldigen Sie die Un-
terbrechung.

Sie entschuldigte sich
beim Vorsitzenden, dass
sie zu spät kam.

Aufgepasst!

to excuse o.s. – sich entschuldigen, im Sinne von: sich
verabschieden.

Er entschuldigte sich
und verließ das Zimmer.

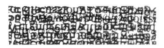

21

Entschuldigung! (Verzeihung!)

Excuse me, ... – Entschuldigung, ... (für etwas, das man
tun wird): Erlauben Sie...
Sorry. – Entschuldigen (für etwas, das man getan hat): Es
tut mir leid.
Pardon? – Verzeihung? Wie bitte? (Ich habe Sie nicht
verstanden.)

Entschuldigung, können
Sie mir bitte sagen, wie
spät es ist?

Entschuldigung, ich wollte
Sie nicht kränken.

Entschuldigung, ich muss
mal telefonieren.

Entschuldigung, was ha-
ben Sie gesagt?

Ich bitte Sie vielmals um
Entschuldigung!

Aufgepasst!

In gehobener Sprache: (fallende Intonation) Verzeihung:

I beg your pardon { es tut mir leid
(steigende Intonation) Verzeihung?
wie bitte?

erinnern

to remember – sich erinnern
to remind s.o. of – jdn erinnern
to remind s.o. to do s.t. – jdn daran erinnern

Erinnern Sie sich nicht
an mich?

Er erinnerte mich an
mein Versprechen.

Warum hast Du mich
nicht daran erinnert den
Brief einzuwerfen?

Ich kann mich nicht (da-
ran) erinnern schon ein-
mal hier gewesen zu sein.

Diese Musik erinnert mich
an ein altes Volkslied.

Aufgepasst!

to remember to ... – daran denken, nicht vergessen (für
die Zukunft)
to remember ...ing – sich erinnern, nicht vergessen
haben (aus der Vergangenheit)

Ich darf nicht vergessen
den Brief einzuwerfen.

Ich erinnere mich, dass
ich den Brief eingeworfen
habe.

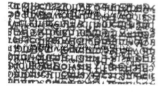

23

erklären

to explain s.th. – deutlich machen
aber immer: *to explain s.th. to s.o.*
to account for – den Grund angeben
to declare – verkünden, nachdrücklich sagen

Er konnte mir das Problem nicht erklären.

Wie erklären Sie (sich) die schlechten Ergebnisse?

Im Jahre 1776 erklärten die amerikanischen Kolonien ihre Unabhängigkeit.

Er erklärte uns, wie die Maschine funktioniert.

Er konnte sein Benehmen an dem Abend nicht erklären.

Er erklärte, er habe es nicht getan.

24

erzählen

to tell s.o. – erzählen (immer mit direktem Personalobjekt)
to say – erzählen (niemals mit direktem Personalobjekt)

Der Unterschied liegt im Gebrauch, nicht in der Bedeutung.

Er erzählte mir/ uns von seiner Reise nach Südamerika.

Er erzählte, dass er ein halbes Jahr unter den Eingeborenen gelebt habe.

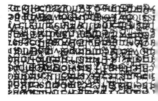

Hat Sheila etwas von dem Unfall erzählt, den sie letzte Woche hatte?

Sie hat gar nichts davon erzählt.

Aufgepasst!

In wenigen festen Wendungen ist *to tell* ohne Personal-objekt möglich: *to tell a story, to tell the truth, to tell a lie, to tell the time.*

es sind

Wer spielt dort auf der Straße? Es sind die Kinder.

Es sind nur fünf Meilen bis Southborough.

eventuell

possible – eventuell (Adj.)
possibly, perhaps, if necessary – eventuell (Adv.)

Er wollte eventuelle Schwie-rigkeiten vermeiden.

Wir könnten eventuell um 7 Uhr kommen.

Aufgepasst!

eventually – schließlich, endlich

Nach mehreren Tagen kehr-te er schließlich zurück.

27

fahren

to go, travel (by) – fahren (mit)
to drive – (selbst) fahren (mit dem Auto)
to run – verkehren; funktionieren

Er fährt jede Woche nach New York.

Ich fahre öfter mit dem Zug nach England.

Wenn du müde bist, werde ich fahren.

Dieser Zug fährt nur werktags.

Das Auto fährt sehr gut.

Am Samstag fuhren wir (mit dem Auto) nach Frankreich.

Aufgepasst!

Zusammengesetzte Verben mit „fahren" werden oft mit nur einem Verb übersetzt, oder mit *go + ...ing.*
to ski, to go skiing – Ski fahren
to canoe, to go canoeing – Kanu fahren

28

Farbe

colour – Farbe als Sinneswahrnehmung
colours – Malmaterial, z.B. **watercolours**
paint – Anstrich, Material zum Anstreichen

Welche Farbe hat ihr Kleid?

Die Farbe ist noch nicht getrocknet.

Nur die Farbe gefällt mir nicht.

Die Farbe ist an einigen Stellen abgegangen.

Mir gefallen die Farben auf diesem Bild.

Ich habe meine Pinsel gefunden – wo sind nun meine Wasserfarben?

fast, fast nicht

almost
nearly } fast

almost no …
hardly any … } fast nicht
scarcely any …

nearly wird in verneinten Sätzen nicht gebraucht. Dafür stehen oft *hardly* and *scarcely*, die die Verneinung schon enthalten.

Fast niemand glaubte mir.

Es war fast nichts mehr übrig.

Es waren fast keine Leute am Strand.

Ich bin fast nie krank.

Sie besuchte mich fast jeden Tag.

Fehler

mistake – Fehler, den man macht
fault – Fehler, den man hat; Unvollkommenheit
defect – Fehler im technischen Sinne

Ich habe einen sehr dummen Fehler gemacht.

Ich weiß, dass ich auch meine Fehler habe.

Da muss ein Fehler in der Maschine sein.

Das ist ein Schreibfehler.

Sie liebt ihn, trotz seiner Fehler.

Das Flugzeug stürzte ab wegen eines Fehlers im Triebwerk.

Aufgepasst!

error – Irrtum: *error of judgement* – Fehlurteil, *error in calculation* – Rechenfehler

fertig

ready – bereit zu etwas
finished – fertig mit etwas, zu Ende

Das Essen ist noch nicht fertig.

Bist du mit dem Brief fertig?

Sind alle fertig zur Abfahrt?

Die Arbeit wird nicht vor
nächster Woche fertig sein.

Aufgepasst!
worn out, exhausted – fertig, erschöpft

Ich bin ganz fertig von der
Hitze.

freundlich

friendly – freundlich in Worten und Benehmen, höflich
kind – hilfsbereit, gütig, nett

friendly bildet das Adverb durch Umschreibung: *in a
friendly way, in a friendly manner*

Er begrüßte mich mit
freundlichem Lächeln.

Würden Sie so freundlich
sein das Fenster aufzuma-
chen?

Er begrüßte mich freund-
lich.

Das ist sehr freundlich von
Ihnen.

Wir hörten ihm freundlich
zu.

Alle waren sehr freundlich.

33

füllen

to fill – füllen, voll machen (mit etw); sich füllen
to pour into – ein-füllen, gießen

Er füllte die Flasche mit
Wasser.

Er füllte Wasser in die
Flasche (ein).

Ihre Augen füllten sich
mit Tränen.

Das Öl wurde in große
Tanks eingefüllt.

Das Theater füllte sich
schnell.

34

geboren

to be born in/on (immer *past tense*!) – geboren sein in/am
a born musician – ein/e geborene/r Musiker/in
English *by birth* – gebürtige/r Engländer/in,
                ... von Geburt

Wo sind Sie geboren?

Ich glaube, er ist Franzose
von Geburt.

Sie ist in Manchester
geboren.

Er ist ein geborener
Künstler.

Sie lebt in Frankreich, ist
aber eine gebürtige
Deutsche.

Er ist ein geborener
Lügner.

Aufgepasst!

Frau Müller, geborene
Schmidt.

Sie ist eine geborene
Braun.

gehen

35

to go – jede Art von Fortbewegung: (weg)gehen, fahren,
reisen, besuchen usw.
to walk – muss gebraucht werden, wenn das Zu-Fuß-
Gehen ausgedrückt werden soll

Peter geht schon zur
Schule.

Er geht (zu Fuß) zur
Schule.

Da fährt der letzte Bus.
Jetzt müssen wir leider
gehen.

Lass uns etwas ausruhen,
ich kann nicht mehr gehen.

Es ist schon zehn Uhr.
Jetzt müssen wir leider
gehen.

David kann noch nicht
gehen, er ist erst zehn
Monate alt.

Aufgepasst!

Die Maschine geht
(= funktioniert) nicht.

Das geht nicht.

Unsere neuen Produkte
gehen (= verkaufen sich)
gut.

Wie geht es Ihnen?

Das geht Sie nichts an.

Meine Uhr geht nicht/
geht vor/geht nach.

36

genial

Es gibt im Englischen kein Adjektiv, das dem deutschen
genau entspricht.

of genius – genial im eigentlichen Sinne
ingenious – geschickt, erfinderisch
brilliant – glänzend, hervorragend

Er war ein genialer
Künstler.

Tom ist genial im Erfinden
von Entschuldigungen.

Seine Entdeckung war
genial.

Dieses Picknick war ein
genialer Einfall von dir.

Das ist eine geniale
Erfindung.

Sie ist eine geniale Mathe-
matikerin.

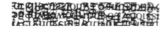

Aufgepasst!

genial – freundlich, herzlich

ein freundlicher Mensch

gesund

37

well (prädikatives Adj.) ⎱ gesund im Gegensatz zu
in good health ⎰ „krank"
healthy – gesund als allgemeiner körperlicher Zustand,
kräftig, widerstandsfähig; gesundheitsfördernd, gut für die
Gesundheit

Nach drei Wochen war er
wieder gesund.

Ich hoffe, dass du gesund
bist.

Sie haben drei gesunde
Kinder.

Als ich ihn zuletzt sah,
war er ganz gesund.

Er aß mit sehr gesundem
Appetit.

Das gesunde Klima wird
ihm gut tun.

Frisches Obst ist gesund.

38

gewohnt sein, sich gewöhnen

to be used do doing s.th. (immer mit -ing Form!)
– gewohnt sein
to get used to doing s.th. (immer mit -ing Form!)
– sich gewöhnen

Ich bin es gewohnt früh
aufzustehen.

Haben Sie sich daran ge-
wöhnt auf der linken
Seite zu fahren?

Ich war nicht gewohnt
Alkohol zu trinken.

Er gewöhnte sich daran
eine Brille zu tragen.

Aufgepasst!

I used to do it (mit inf.) – ich tat es früher, ich pflegte zu
tun: Wie die Übersetzungen zeigen, gibt es diesen Ausdruck nur im *simple past.*

Früher lebte er in
Manchester.

39

glücklich

happy – glücklich als Gefühl, Stimmung
lucky – vom Glück begünstigt (Zufall oder Schicksal)

Sie sind ein glückliches
Paar.

Das war ein glücklicher
Sieg.

Wir waren alle sehr glücklich, dass er soviel Glück
hatte.

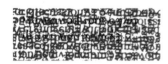

Aufgepasst!

Good luck! – Viel Glück! Alles Gute!
bad luck – Pech, Unglück

Grenze

40

boundary – Grenze (allg. örtlich)
border – Landesgrenze
limit – Grenze (fig.)
bounds (immer im Plural) – Grenze, Bereich (fig.)

Der Fluss dient als Grenze
zwischen den beiden Gebie-
ten.

Er wurde an der Grenze
zwischen Deutschland und
der Schweiz verhaftet.

Alles hat seine Grenzen.

Seine Fantasie kennt
keine Grenzen.

Meine Geduld hat eine
Grenze.

Wir haben die Grenze bei
Nacht überschritten.

Eine Landung auf dem
Mars liegt im Bereich
des Möglichen.

Die Grenze zwischen den beiden Grundstücken ist nie festgesetzt worden.

Aufgepasst!

frontier bezeichnet eine Grenze, besonders im übertragenen Sinne:
frontiers of space/of science – die Grenzen des Alls/der Wissenschaft

41 ## groß

great – großartig, bedeutend
large, big – groß an Umfang
tall – groß an Höhe

Es war ein großer Schock für mich.

Ein großes Paket ist gestern angekommen.

Sie ist eine große Künstlerin.

Sein Vater ist mindestens zwei Meter groß.

Wie groß war der Fisch?

Er ist mindestens sechs Inch größer als sein Bruder.

hoffentlich

I hope, hopefully – hoffentlich…, ich hoffe…
I hope so/not – hoffentlich/hoffentlich nicht
(bei Kurzantworten auf Fragen)

Wird der Zug rechtzeitig
ankommen? – Hoffentlich.

Hoffentlich sehe ich dich
bald wieder.

Meinst du, dass es regnen
wird? – Hoffentlich nicht.

Hoffentlich kann ich mor-
gen wieder zur Arbeit
gehen.

immer wenn

whenever – immer wenn
always … when
when … always } nur in getrennter Stellung möglich

Er hat immer seinen
Hund bei sich, wenn ich
ihn sehe.

Immer wenn sich eine Ge-
legenheit ergab, ging ich
zum Baden.

44

jeder

every, each – jeder (bestimmte)
any – jeder (beliebige)

Jeder Augenblick ist
kostbar.

Sie macht das jedesmal.

Er muss jeden Augenblick
kommen.

Wir hatten jeder einen
Wurf.

Ich bin bereit jede Arbeit
anzunehmen.

Ich brauche kein beson-
deres Messer, jedes Mes-
ser ist mir recht.

Aufgepasst!

each of
every one of   } jeder von
(in drei Wörtern)

Jeder von uns möchte das
gern wissen.

45

klein

small – klein (sachliche Feststellung)
little – klein (gefühlsbetont, Ausdruck von Zärtlichkeit
oder Überlegenheit; oft in Verbindung mit einem
anderen Adjektiv): jung, zart, schutzbedürftig,
…chen

Anna ist sehr klein für ihr Alter.

Ist das nicht eine süße kleine Katze?

John ist kleiner als Jim.

Was für ein hübsches kleines Haus!

Ich möchte nur eine kleine Portion, bitte.

Aufgepasst!
little kann nur attributiv verwendet werden; es hat keine Steigerungsformen.

kochen

to boil – eine Flüssigkeit zum Kochen bringen, sieden
to cook – Essen kochen (alle Zubereitungsarten)

Wasser kocht bei 100 °C.

Sie hatte ein wunderbares Essen für uns gekocht.

Möchten Sie Ihre Eier gekocht oder gebraten?

Die Milch ist übergekocht.

Kochen Sie gern?

Aufgepasst!
to make coffee – Kaffee kochen
to make tea – Tee kochen

47

konsequent, Konsequenz

consistent – konsequent
consistency – Konsequenz, Folgerichtigkeit, Standhaftigkeit
consequences – Konsequenzen, Folgen

Er hat die Ansätze in seinen zwei Büchern nicht konsequent verfolgt.

Sie müssen die Konsequenzen tragen.

Er hat immer eine konsequente Haltung gegenüber Europa bewahrt.

Die Konsequenz seines Verhaltens ist beeindruckend.

Aufgepasst!
consequent – folgend, sich ergebend

48

krank, schlecht

ill – krank
sick – schlecht, krank (eine kranke Person)

Ich bin seit einigen Tagen krank.

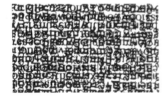

Viele Kranke saßen im Wartezimmer.

Ist dein Vater noch krank?

Ein krankes Kind sollte im Bett bleiben.

Mir ist schlecht.

Tom übergab sich im Flugzeug.

Kritik

49

criticism – Kritik an etwas, (negatives Urteil, Beurteilung)
review – Kritik, (schriftliche) Besprechung

Sein letztes Buch ist auf scharfe Kritik gestoßen.

In der Sunday Times war eine Kritik über sein letztes Buch.

Du solltest lernen Kritik zu ertragen.

Hast du die Kritiken in den Zeitungen gelesen?

Aufgepasst!

a critic – ein(e) Kritiker(in)

50

kurz, in Kürze, kürzlich

briefly – kurz: in kurzen Worten
soon, shortly – in Kürze, bald
recently ⎫
lately ⎬ kürzlich, vor kurzer Zeit

Er erzählte mir kurz, was geschehen war.

Kurz darauf kam die Polizei.

Ich habe den Film erst kürzlich gesehen.

Würden Sie das kurz zusammenfassen?

In Kürze werden wir umziehen.

Ich sah ihn kürzlich in der Stadt.

51

Land

land – Land (Gegensatz zu Wasser), Grundbesitz
country – Land (Staat)
country – Land (Gegensatz zu Stadt)
countryside – Land(-schaft)

Mehrere Länder haben an den Olympischen Spielen nicht teilgenommen.

Nach fünf Tagen auf See waren sie froh wieder Land zu sehen.

Am Sonntag werden wir
aufs Land fahren.

Er hat 4 Hektar Land.

Ich möchte gern auf dem
Land leben.

In welchem Land möchtest
du am liebsten leben?

Wir sind auf dem Landweg
nach Peking gefahren.

Ich mag die Landschaft
von Devon sehr.

lassen

52

Es gibt im Englischen viele Möglichkeiten „lassen" wiederzugeben.

to let, to allow to – zulassen, erlauben
to leave – verlassen, zurücklassen, so lassen wie es ist
to make s.o. do s.th. – veranlassen, dass jd etwas tut
to have s.th. done – veranlassen, dass etwas getan wird

Lassen Sie mich Ihre Frage
kurz beantworten.

Die Wirtin ließ die Kinder
auf dem Rasen spielen.

Er ließ den Wagen in der
Baker Street stehen und
ging zu Fuß weiter.

Der Lehrer ließ die Schüler/
innen die Hausaufgaben
wiederholen.

Er ließ sein Auto sofort reparieren.

Warum hast du das Fenster offen gelassen?

Wann wird er seine Haare schneiden lassen?

Der Trainer ließ sie um das Feld laufen.

Aufgepasst!

to leave alone – liegen lassen, in Ruhe lassen, nicht anfassen

Lass die Katze in Ruhe!

Lass die Briefe da liegen!

53

leihen, borgen

to borrow (from s.o.) – entleihen (von jdm)
to lend (s.o. s.th.) – verleihen (etw an jdn)

Könntest du mir deinen Bleistift leihen?

Ich lieh mir einen Bleistift von ihm.

Ich lieh ihm 100 Pfund.

Kannst du mir fünf Pfund borgen?

Ich habe schon 10 Pfund von ihm geborgt.

letzte

the last – der Letzte in einer Reihe (Gegensatz: *the first*)
the latest – der Neueste (Gegensatz: *the earliest*)

Das war meine letzte
Zigarette.

Die letzten Absatzzahlen
haben unsere Erwartungen
übertroffen.

Mir hat sein letzter Wagen
besser gefallen.

Hast du die letzten Nach-
richten über den Nahen
Osten gehört?

Aufgepasst!

the *last few* days/weeks/months – die letzten Tage/
Wochen/Monate

Ich habe in den letzten
Wochen ziemlich viel zu
tun gehabt.

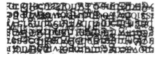

Leute

people (Verb im Plural) – die Leute (im Allgemeinen)
the people (Verb im Plural) – die Leute (begrenzte Gruppe)
everybody (Verb im Singular) – alle, alle Leute

Ich kümmere mich nicht
darum, was die Leute
sagen.

Die Leute in unserer
Straße sind sehr nett.

Alle Leute glauben, dass
er das Rennen gewinnen
wird.

Im Mittelalter glaubten
die Leute an Hexen.

Wo sind die Leute hinge-
gangen?

Alle erinnern sich an
den Tag.

Aufgepasst!

the German people (häufiger: *the Germans*)
– das deutsche Volk, die Deutschen
the British people (häufiger: *the British*)
– das britische Volk, die Briten
Die Pluralform *the peoples* wird nur gebraucht, wenn
mehrere einzelne Völker gemeint sind.

56

meinen

to think – meinen (glauben, annehmen, denken)
to mean – meinen (im Sinn haben, beabsichtigen)

Was meinst du dazu?

Was meinst du damit?

Das meinen Sie!

Ich verstehe nicht, was
der Autor meint.

Ich meine ein Geräusch
gehört zu haben.

Ich habe nicht Sie gemeint.

Aufgepasst!
opinion – Meinung
meaning – Bedeutung, Sinn

Ich möchte gern Ihre
Meinung zu dem Vor-
schlag hören.

Ich kenne die Bedeutung
dieses Wortes nicht.

Der Sinn des Textes war
nicht klar.

mögen

57

Im Englischen ist nach *to want* und *to like* ein *that*-Satz
nicht möglich. Stattdessen muss stehen:

I want you to …/I'd like you to … – Ich möchte, dass
du …

Ich möchte, dass du gut
zuhörst.

Möchtest du, dass ich
weggehe?

Ich möchte nicht, dass uns
jemand sieht.

58

müssen

have to – müssen (eine von Dritten auferlegte Notwendigkeit)
must – müssen, sollen (ein persönlicher Drang)
must not – dürfen nicht
don't have to – müssen nicht

Ich muss gehen – Patrick wartet auf mich.

Ich muss gehen – ich bin schrecklich müde.

Du musst uns unbedingt besuchen!

Sie muss morgen früher aufstehen – sonst verpasst sie den Zug.

Du musst nicht!

Wir dürfen die Tickets nicht vergessen.

59

Nachricht

news – Neuigkeit
message – Botschaft

Obwohl *news* der Form nach ein Plural ist, steht das Verb im Singular. *news* kann nicht in Verbindung mit *a* oder einem Zahlwort gebraucht werden.

Möchten Sie eine Nachricht hinterlassen?

Die Nachrichten sind meist deprimierend.

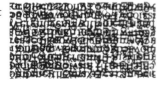

Im Hotel wartete eine
Nachricht auf mich.

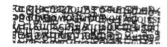

Aufgepasst!
a piece of news }
a news item } eine einzelne Nachricht
some news – eine Nachricht

Ich habe eine gute Nach-
richt für dich.

Die nächste Nachricht
kommt aus Indien.

Es war eine sehr wichtige
Nachricht.

nächste

60

next – nächste (Reihenfolge)
nearest – nächste (Entfernung, allg.)

Sie müssen an der nächsten
Haltestelle aussteigen.

Wo ist die nächste EC-
Automat?

Wann fährt der nächste
Zug nach Liverpool?

Die nächste britische
Botschaft ist in Bonn.

Aufgepasst!
in the *next few* days/weeks/months – in den nächsten
Tagen/Wochen/Monaten

Ich muss in den nächsten
Tagen zum Zahnarzt
gehen.

61 nahe, nahe gelegen, in der Nähe

Für den Gebrauch im räumlichen Sinne gilt:

near, close, close by, close to: (prädikativ)
nearby (vor dem Substantiv) oder *near by, close by* (nach
dem Substantiv): (attributiv)

D. h. *near* kann in räumlichem Sinne nicht direkt vor dem
Substantiv stehen.

Das neue Fitness-Studio ist
ganz in der Nähe.

Es gab ein Jazz-Festival in
einem nahe gelegenen Park.

Er wurde in ein nahe ge-
legenes Krankenhaus
gebracht.

Es ist in der Nähe vom
alten Kino.

Wir holten etwas zu trin-
ken von einem nahe gelegenen Supermarkt.

Aufgepasst!

in the near future – in naher Zukunft
it was a near miss – es fehlte nicht viel

noch nicht

not ... yet – noch nicht
still ... not – immer noch nicht

Wo kann er sein? Es ist
sechs Uhr und er ist noch
nicht gekommen.

Jetzt ist es sieben und er
ist immer noch nicht ge-
kommen.

David kann noch nicht
laufen, er ist erst zehn
Monate.

Michael ist schon andert-
halb Jahre und er kann
immer noch nicht laufen.

ob

if, whether – ob
whether (... or) – ob (... oder)

whether steht, wenn eine Alternative ausgesprochen oder
gedacht wird.

Es stimmt, ob du es
glaubst oder nicht.

Frag ihn, ob er am Don-
nerstag oder Freitag kom-
men kann (gleichgültig an
welchem der beiden Tage).

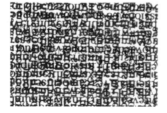

Frag ihn, ob er am Donnerstag oder am Freitag kommen kann (an welchem der beiden Tage).

Ob sie wohl Französisch spricht?

64

passen

to fit – passen (in der Größe)
to suit – passen, jdm stehen
to match – passen, zusammenpassen

Diese Jacke passt nicht mehr.

Die Farbe passt zu deinen Augen.

Die Arbeit passt mir nicht.

Der Vorhangstoff passt nicht zu dem Sofa.

Die Farbe steht dir sehr gut.

Das Bett passt genau in diese Ecke.

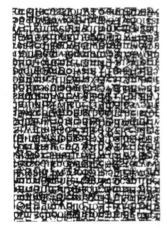

Aufgepasst!
suitable, right – passend

Er findet immer eine passende Antwort.

Ich suche das passende Wort, sie zu beschreiben.

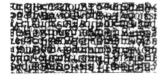

65

Fantasie

„Fantasie" wird im Englischen meist durch *imagination* wiedergegeben.

Versuch doch deine Fantasie zu gebrauchen.

Das existierte nur in deiner Fantasie.

Der Autor hat eine lebhafte Fantasie.

Aufgepasst!

fantasy hat meist den negativen Sinn von „Einbildung", „Hirngespinst".

Seine großen Pläne waren reine Einbildung.

Politik

66

politics – Politik als Wissenschaft: Staatskunst, Staatswissenschaft
policy – Politik als konkretes Handeln: Verfahrensweise, Taktik

Politik wird an den meisten Universitäten gelehrt.

Er sprach über die Politik der Regierung.

Er interessiert sich nicht für Politik.

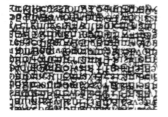

Es ist immer unsere Politik
gewesen die Kunden zu-
friedenzustellen.

Ihre Umweltpolitik wird
häufig kritisiert.

67 Polizei

police wird immer mit dem Verb im Plural gebraucht.

Hat die Polizei herausge-
funden, wer es getan hat?

Die Polizei stellt Nach-
forschungen an.

68 Preis

price – Preis, den man bezahlt
prize – Preis, den man gewinnt

Der Preis stand auf dem
Etikett.

Er hat einen Preis im Wert
von 10 000 Pfund gewon-
nen.

Ihr wurde ein Preis ver-
liehen.

Die Preise sind im letzten
Jahr um 8% gestiegen.

Aufgepasst!
fare – Fahrpreis
at all costs – um jeden Preis

Was kostet die Fahrt?

Das müssen wir um jeden Preis verhindern.

Rat, Ratschläge

advice kann nicht mit dem unbestimmten Artikel oder im Plural gebraucht werden. Dafür stehen: *a piece of advice, some advice* – ein Rat, einige Ratschläge

Ich möchte dir einen Rat geben.

Sie hat mir einen guten Rat gegeben.

Ich folgte ihrem Rat.

Bevor er wegging, gab ihm sein Vater einige nützliche Ratschläge.

Was für einen Rat hat er dir gegeben?

Der Rat war gut.

rauben

to steal – rauben, stehlen
to rob – be-rauben, be-stehlen

Es besteht im Englischen kein inhaltlicher Unterschied zwischen *to rob* und *to steal* wie im Deutschen zwischen „rauben" und „stehlen".

Die Kronjuwelen sind geraubt worden.

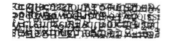

Gestern Abend wurde die Bank ausgeraubt.

Ich bin ausgeraubt worden.

Die beiden Männer raubten der alten Frau das ganze Geld.

71

Rezept

prescription – (ärztliches) Rezept
recipe ['resɪpi] – Kochrezept

Die Ärztin hat mir ein Rezept für Schlaftabletten gegeben.

Ich möchte das Rezept ausprobieren.

Aufgepasst!

receipt [ri'siːt] – Empfang (z. B. eines Briefes); Quittung
reception – Empfang (Gesellschaft; Rundfunk)

Unterschreiben Sie hier, um den Empfang zu bestätigen.

Am Abend gab es im Weißen Haus einen großen Empfang für den italienischen Staatschef.

Würden Sie mir bitte eine Quittung geben?

Der Empfang ist morgens
immer schlecht.

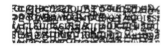

Schatten

72

shade – Schatten (im Gegensatz zu Licht)
shadow – scharf umgrenztes Schattenbild

Plötzlich bemerkte ich einen Schatten an der Wand.

Die Sonne stand so hoch,
dass es sehr wenig Schatten
gab.

Am Abend wurden die
Schatten länger.

Es ist angenehm im
Schatten zu sitzen.

Aufgepasst!
lampshade – Lampenschirm
windowshade – Jalousie

Schuld

73

fault – allgemeines Verschulden (verantwortlich sein)

It's his *fault.* } Es ist seine Schuld.
He's *to blame.*
guilt [gilt] – moralische und juristische Schuld
He's *guilty of* s.th. – Er ist einer Sache schuldig.
debt – Schuld an Geld; Dankesschuld

Es ist nicht seine Schuld,
dass er zu spät kommt.

Das Gefühl der Schuld
lastete schwer auf ihm.

Er kann seine Schulden
nicht bezahlen.

Die Schuld liegt bei uns,
nicht bei euch.

Wir sind alle an unserer
Niederlage schuld.

Ich stehe in deiner Schuld.

An ihrer Schuld besteht
kein Zweifel.

Aufgepasst!

to owe – schulden

74

selbstbewusst, Selbstbewusstsein

self-confident – selbstbewusst (ohne Wertung)
self-confidence – Selbstbewusstsein, Selbstvertrauen
(als seelische Haltung)
self-esteem – Selbstbewusstsein, (zu hohe) Selbstein-
schätzung

Ich hoffe, dass dieser Erfolg
ihm sein Selbstbewusstsein
wiedergeben wird.

An Selbstbewusstsein fehlt
es ihm nicht!

Sie ist sehr selbstbewusst,
obwohl sie ziemlich jung
ist.

Sein Selbstbewusstsein ist
durchaus nicht gerecht-
fertigt.

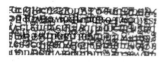

Aufgepasst!

self-conscious – schüchtern
self-consciousness – Schüchternheit

Seine Schüchternheit ist
immer ein großes Handi-
kap für ihn gewesen.

sensibel, Sensibilität

sensitive – sensibel
sensibility – Sensibilität

Sie ist leicht zu verletzen,
sie ist sehr sensibel.

Die Gedichte zeigen eine
bemerkenswerte Sensibi-
lität für die Natur.

Er ist sehr sensibel gegenüber Kritik.

75

Aufgepasst!

sensible – vernünftig

Es ist vernünftig von dir,
dass du dich nicht aufregst.

76

sicher

als Adjektiv:

sure, certain – sicher, gewiss
safe (from) – sicher, gefahrlos, geschützt

Bist du sicher, dass das
Buch dir gehört?

Es wäre sicherer, wenn du
einen Helm tragen würdest.

Ich bin nicht sicher, ob ich
ihn schon einmal gesehen
habe.

Du solltest hier nicht
schwimmen, es ist nicht
sicher.

als Adverb:

surely – sicher (als Annahme oder Vermutung)
certainly – sicher (als Gewissheit)
for certain – sicher (als Gewissheit; unmittelbar nach
            dem Verb)
safely – sicher (unversehrt)

Du hast sicherlich schon
sein neues Buch gelesen.

Ich weiß nicht sicher, wann
der Zug kommt.

Du hast sicher Recht.

Er konnte nicht sicher sagen, ob er überhaupt kom-
men würde.

Da morgen ein Feiertag ist, stehe ich sicher nicht um 7 Uhr auf.

Sie landeten sicher nach einem stürmischen Flug.

Spannung

tension – allg., auch elektrische Spannung
suspense – Spannung im Sinne von: Ungewissheit
voltage – elektrische Spannung

Wir wurden bis zur letzten Minute in Spannung gehalten.

Die Spannung zwischen den beiden Männern war fast mit den Händen zu greifen.

Er wartete mit großer Spannung auf das Urteil.

Vor der Vorstellung litt er unter nervöser Spannung.

Welche Spannung hat ihre Autobatterie?

Das Flugzeug ist gegen eine Hochspannungsleitung gestoßen.

Der Autor hielt uns bis zur letzten Seite in Spannung.

78

Spiel

game – Spiel (allg.), Sport-Spiel, Gesellschaftsspiel
match – Wettspiel, Wettkampf
play – Theaterstück

Basketball ist ein schnelles Spiel.

Hast du gehört, wie das Spiel gestern ausgegangen ist?

Lass uns eine Partie Schach spielen.

Die Olympischen Spiele finden alle vier Jahre statt.

Das erste Tor fiel zu Beginn des Spiels.

Da es regnete, spielten die Kinder Gesellschaftsspiele.

Kennen Sie alle Stücke von Shakespeare?

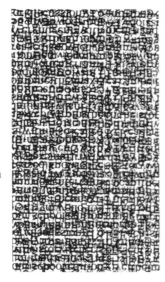

Aufgepasst!
fair play – ehrliches Spiel, ehrliches Verhalten
foul play – unehrliches Spiel, unehrliches Verhalten
child's play (fig.) – Kinderspiel

79

suchen

to look for – suchen (allg.)
to seek – suchen (bes. Rat, Obdach)
to search for – suchen (intensiv)
to search – durch-suchen

John sucht eine neue Stelle.

Sie suchte Rat bei ihrer Mutter.

Als er endlich gefangen genommen wurde, durchsuchte ihn die Polizei sorgfältig.

Ich suche bloß die Wahrheit.

Ich suche noch immer meinen Ring. Ich habe das ganze Haus durchsucht, aber ich kann ihn nicht finden.

Die Polizei sucht den Verbrecher immer noch.

Aufgepasst!
to look at – ansehen
to look after – sich kümmern um
to look out for – Ausschau halten
to watch T.V. – fernsehen

sympathisch, unsympathisch

Es gibt im Englischen kein Wort, das dem Deutschen ganz entspricht. Nahe kommen:

nice, agreeable, pleasant – sympathisch
unpleasant, disagreeable – unsympathisch

„jdm sympathisch/unsympathisch sein" kann nur verbal mit *to like/to dislike, not to like* ausgedrückt werden.

Er ist ein sympathischer Mann.

Sie war mir gleich sympathisch.

Was für eine unsympathische, eingebildete Person!

Aufgepasst!

sympathetic – mitfühlend, verständnisvoll, anteilnehmend

Nach seinem Unfall waren alle voller Anteilnahme.

81

Technik

technology [tekˈnɔlədʒi] – Technik (als Wissenschaft)
technique [—ˈ—] – Technik (als künstliche und technische Arbeitsweise)

Sie interessieren sich für Technik.

Die Technik hat in diesem Jahrhundert große Fortschritte gemacht.

Ich bewundere Cezannes Technik.

Beim Bau dieser Instrumente werden moderne Techniken angewendet.

tragen

to carry – tragen (Lasten, z.B. Koffer)
to bear – tragen (Namen, Kosten, Schulde, Früchte)
to bear, to endure – tragen, im Sinne von: ertragen
to wear – tragen (Kleider, Brille)

Er musste zwei schwere
Taschen zum Bahnhof
tragen.

Die Versicherung trug die
Kosten.

Zum Lesen trägt er eine
Brille.

In diesem Jahr trugen die
Bäume in unserem Garten
keine Früchte.

Sie trug ein elegantes
schwarzes Kleid.

Ich kann es nicht mehr
ertragen!

überlegen

Es gibt viele Möglichkeiten „überlegen" im Englischen
wiederzugeben. Einige davon sind:

to wonder – überlegen (besonders vor indirekten
Fragesätzen)
to consider – überlegen, bedenken, in Betracht ziehen
to think over – nachdenken, überdenken

Natürlich gefällt mir das
Kleid, ich überlege nur, ob
mir die Farbe steht.

Bitte überleg dir meinen
Vorschlag.

Ich überlege schon die
ganze Zeit, wo ich das
Gesicht schon einmal
gesehen habe.

Das muss ich mir noch
gut überlegen.

Ich überlege mir, ob wir
die Polizei holen sollten.

Sie überlegen, nach Aus-
tralien auszuwandern.

Überleg es dir mal!

Aufgepasst!

to change o.'s mind – es sich anders überlegen

Es tut mir leid, ich habe
es mir anders überlegt.

und

Nach einer Verneinung werden im Allgemeinen im
Englischen die Satzglieder durch *or* verbunden.

Er kann nicht lesen und
schreiben.

Ich rauche nie Zigarren
und Zigaretten.

Es gab keine englischen
und amerikanischen Zei-
tungen, deshalb kaufte ich
eine französische.

unmöglich

impossible – unmöglich (Adj.)
not possibly – unmöglich (Adv.)

Es ist unmöglich diese
Straße zu überqueren.

Wir können diese Straße
unmöglich überqueren.

Er hält es für unmöglich.

Ich kann das Geld unmög-
lich annehmen.

Aufgepasst!

Du benimmst dich unmög-
lich heute Abend.

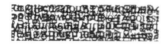

Verhältnis(se)

ratio ['reiʃiəu] – zahlenmäßiges Verhältnis
conditions – Verhältnisse, Umstände
relationship – Beziehung (meist bei Personen)
affair – Liebesverhältnis (wobei mindestens ein Partner
verheiratet ist)

Das Verhältnis von Män-
nern zu Frauen war 3:1.

Es sind ganz andere Ver-
hältnisse im Osten.

Unser Verhältnis ist rein
platonisch.

Sie hatte ein Verhältnis mit
dem Mann ihrer Freundin.

Aufgepasst!
compared with, in proportion to – im Verhältnis zu

87

verstehen

to hear – verstehen (akustisch)
to understand – verstehen (begreifen)
to understand correctly – richtig verstehen
to misunderstand – falsch verstehen

Es war so laut, dass ich
kein Wort verstehen
konnte.

Ich verstehe nicht, warum
er sein Haus verkauft.

Ich glaube, Sie haben die
Zahlen falsch verstanden.

Bitte sprechen Sie etwas
lauter; ich kann Sie nicht
verstehen.

Sein Englisch ist schwer
zu verstehen.

Habe ich Sie richtig ver-
standen?

Er hat meine Bemerkung
sicher falsch verstanden.

88

Versuch

attempt – Versuch (etw zu tun)
test, experiment – wissenschaftlicher Versuch

Er machte mehrere Versuche sich gänzlich zu ändern, aber er schaffte es nicht.

Zahlreiche Versuche sind mit dem neuen Medikament gemacht worden.

Er machte einen verzweifelten Versuch das Rauchen aufzugeben.

Die Versuche mit dem neuen Rechner waren erfolgreich.

Aufgepasst!

to have a try (at) – einen Versuch machen (mit), ausprobieren
on trial – auf Probe

Lass mich mal versuchen.

Wir bekamen die Maschine für vier Wochen auf Probe.

versuchen

to try + inf. – versuchen zu …
to try + gerund, noun or pronoun
– (aus)probieren, kosten, es versuchen mit
to attempt wird hauptsächlich in der Schriftsprache verwendet

89

Sie versuchte mich anzu-
rufen, aber sie kam nicht
durch.

Ich versuchte ihn auf Englisch oder Französisch zu
fragen, aber er verstand
beides nicht.

Dieser Lachs ist lecker, du
solltest ihn wenigstens
versuchen.

Versuche nicht mir zu
folgen.

Aufgepasst!

Let me try. (ohne *it*) – Lass mich's versuchen.
Das deutsche „es" wird im Englischen nicht wiedergegeben.
try and + inf. – versuch zu …
In der Umgangssprache steht nach dem Imperativ
häufig *and*.

Versuch bitte pünktlich
zu sein.

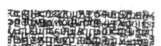

90

wählen

to choose – wählen, aussuchen
to vote (for) – wählen, Stimme abgeben (für)
to elect – jdn wählen

Er wählte eine legere Hose
und ein gestreiftes Hemd.

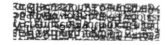

Personen unter 18 dürfen
nicht wählen.

Er wurde zum Vorsitzen-
den gewählt.

Wen hast du gewählt?

Die Freunde wählten
Sarah zu ihrer Sprecherin.

Sie wählten ihn zum
Präsidenten.

Jones wurde nicht gewählt,
da nur 40% für ihn
stimmten.

Aufgepasst!

to dial – eine Telefonnummer wählen

Um die Polizei zu rufen,
müssen Sie einfach 999
wählen.

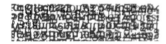

während

91

during – Präposition (Substantiv folgt)
while – Konjunktion, meist zeitlich
whereas – Konjunktion, Gegensatz

Während unserer Abwe-
senheit hat man bei uns
eingebrochen.

Er bestellte ein Bier,
während seine Frau
ein Glas Wein trank.

Während wir fort waren,
hat man bei uns einge-
brochen.

Ich verließ das Theater
während der Pause.

Sie isst gern Fleisch, während er Vegetarier ist.

Während ich arbeite,
höre ich gern Radio.

92

warnen

Dem bejahten Infinitiv nach „warnen" im Deutschen
entspricht im Englischen der verneinte Infinitiv.

to warn not to do s.th. – davor warnen etw zu tun
to warn of/about – warnen vor

Ich warnte ihn vor dem
Hund.

Ich warnte ihn davor sich
dem Hund zu nähern.

Ich habe das Kind oft
davor gewarnt auf der
Straße zu spielen.

Ich wurde vor den Folgen
gewarnt.

Ich warnte ihn davor sich
von der Stelle zu rühren.

Aufgepasst!

Beware of the dog! – Warnung vor dem Hunde!

was

als Fragepronomen:

what – was
what; what kind of, what sort of – was für ein

als Relativpronomen:

what – das, was
all (that) – alles, was
nothing (that) – nichts, was
that wird oft weggelassen.

als Ausruf:

What a surprise! (zählbar) – Was für eine Überraschung!
What nonsense! (unzählbar) – Was für ein Unsinn!

Was machst du da?

Damit komme ich auf das zurück, was ich vorher sagte.

Was für Sprachen sprichst du?

Er gab uns alles, was er hatte.

Er hatte nichts, was ich gebrauchen konnte.

Was für eine Farbe hat dein neues Auto?

Genau das hatte ich erwartet.

Was für ein scheußliches Wetter wir haben!

76

Warum hast du nicht auf das gehört, was ich dir gesagt habe?

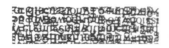

94 **weiter**

farther, further – weiter weg (Adv., räumlich)
to go on (+ gerund)
to keep on (+ gerund) } weiter andauernd
to continue (+ gerund or infinitive) } (Adv., zeitlich)
another (bei zählbaren Dingen) } weiter (Adj.),
further (bei unzählbaren Dingen) } zusätzlich, noch

Sie liefen die Straße weiter hinunter.

Wir müssen weitere zehn Minuten warten.

Weitere Hilfe wird nötig sein.

Sie müssen weitere 2 Pfund zahlen.

Es war weiter, als wir dachten.

Es regnete weiter.

Obwohl niemand zuhörte, redete sie immer weiter.

werden

Es gibt im Englischen viele Möglichkeiten „werden"
auszudrücken.

to get – in der Umgangssprache das häufigste Wort
to become – bei Berufen, vor Komparativen
to grow – langsamer Vorgang
to turn – schnell, unerwartet, plötzlich

Er wurde ärgerlich.

Er wurde rot vor Wut.

Mary wurde Rechtsan-
wältin.

Da er seinen Regenschirm
vergessen hatte, wurde er
ganz nass.

Es ist kälter geworden.

Offensichtlich wird er
langsam alt.

Er ist plötzlich religiös
geworden.

Aufgepasst!
to get done with – fertig werden
to fall ill/to be taken ill – krank werden

wert, Wert

worth – wert (präd. Adj.)
worthwhile – (der Mühe) wert
value – Wert (Subst.)

Was ist dieses Bild wert?

Wieviel es wohl wert ist?

Es ist 1000 Pfund wert.

Das Experiment war der Mühe wert.

Er hat einige Plastiken von großem Wert.

Diese Vorsichtsmaßnahmen sind kaum der Mühe wert.

Der Schmuck ist von geringem Wert.

Aufgepasst!
five dollars' worth of stamps – für fünf Dollar Briefmarken

97

wie

how ist im Wesentlichen auf zwei Fälle beschränkt:
how – wie, auf welche Weise *(How did you do it?)*
how – wie, in welchem Maße *(How far is it?)*

Dagegen:
what is ... like – wie (beschreibend)
what is ... called } wie, wie heißt,
what do you call ... } wie sagt man
to see, to hear etc. s.o. do/doing – wie (beschreibend nach Verben der sinnlichen Wahrnehmung)

Wie heißen Sie?

Wie waren die Straßen in Schottland?

Wie ist dein neuer Chef?

Ich sah, wie er die Handtasche der Frau nahm.

Ich frage mich, wie du eigentlich ins Haus gekommen bist.

Wie heißt das auf Englisch?

Wir schreibt man das?

Haben Sie gesehen, wie der Mann die Wagentür geöffnet hat?

wollen, dass

98

want s.o. to do s.t. – wollen, dass jmd etwas tut

Sie will nicht, dass ich die Geschichte erzähle.

Ich will nicht, dass alle es wissen.

Gregory will, dass ich mitgehe.

Aufgepasst!

Pam will einfach nicht! – **Pam just doesn't *want to*!**

99

zeigen

to show – zeigen
to point at/to – zeigen auf, weisen auf

Hat er dir schon seinen
neuen Wagen gezeigt?

Wir mussten unsere Pässe
zeigen.

Sie zeigte auf das unaus-
sprechbare Wort.

Sein Gesicht zeigte, dass er
nichts davon wußte.

Die Kompassnadel zeigt
nach Norden.

100

ziemlich

quite – ziemlich (immer verwendbar)
fairly – ziemlich (positive Bedeutungsnuance)
rather – ziemlich (leicht negative Bedeutungsnuance)

rather kann auch eine positive Bedeutung haben; es ist
dann stärker als **fairly**. *The film is rather good.* Dieser
Satz ist positiver zu werten als: *The film is fairly good.*
Die Bedeutung ergibt sich aus Satzbetonung und Sinnzu-
sammenhang.

Der Zug kommt ziemlich
früh an, so dass wir genü-
gend Zeit haben.

Ich glaube, 8 Uhr ist ziemlich früh, 9 Uhr würde mir
besser passen.

Das ist das richtige Buch für sie, es ist ziemlich leicht.

Das Buch ist ziemlich kompliziert, aber ich finde es sehr interessant.

Wir haben es in einer halben Stunde geschafft, weil die Straßen ziemlich leer waren.

Ich bin ziemlich sicher, daß er das Rennen gewinnen wird.

Es war ein ziemlich kalter Tag.

Du solltest Dr. Harrison aufsuchen, er ist wirklich ziemlich gut.

101

zittern

to tremble with/at – zittern (vor Furcht, Erregung; bei
einem Gedanken)
so shake with – zittern (vor Furcht, Erregung, besonders
Hände, Stimme)
to shiver with – zittern (vor Kälte)

Der kleine Junge zitterte
vor Erregung, als er die
Weihnachtsgeschenke
öffnete.

Seine Hände zitterten so,
dass er seinen Tee nicht
trinken konnte.

Der Hund saß zitternd vor
der Tür.

Er zitterte bei dem Gedanken wieder an die Front
gehen zu müssen.

Als er wieder ins Haus
kam, zitterte er vor Kälte.

Seine Stimme zitterte vor
Bewegtheit, als er sich ver-
abschiedete.

102

zu dritt, zu viert ...

three of us/you/them – zu dritt
four of us/ you/them – zu viert

Wir waren zu sechst.

Sie waren zu viert.

Ihr werdet zu zweit sein.

zuerst

first – zuerst, als Erster
at first – zuerst, am Anfang

Wer ist zuerst angekommen?

Zuerst wusste ich nicht, was ich tun sollte.

Diese Äpfel werden zuerst reif sein.

Ich fand es zuerst sehr schwierig.

Ich kann dir leider den Videofilm noch nicht leihen, ich möchte ihn zuerst nochmal anschauen.

103

zuletzt

last – zuletzt, als Letzter
at last
in the end } zuletzt, schließlich, endlich

Als ich ihn zuletzt gesehen habe, trug er einen Bart.

Als sie ihn schließlich fanden, war er schon tot.

104

Ich werde den Brief an
Mary zuletzt schreiben.

Zuletzt waren wir alle
müde.

Aufgepasst!
at least – wenigstens
after all – zuletzt doch, trotz allem, dennoch

Du solltest es wenigstens
versuchen.

Er lief so schnell er konnte,
verpasste den Zug aber
dennoch.

Vorsicht, nicht verwechseln!

Allee	*avenue;* *alley:* Gasse
Alter	Lebensalter: *age;* hohes Alter: *old age*
anziehen	ein Kleid: *to put on a dress;* sich anziehen: *to dress, get dressed* (oder *to put on one's* clothes)
Arbeit	Beachten Sie den Gebrauch des Artikels: It was not easy to find *work/a job.*
ausziehen	ein Kleid ausziehen: *to take off a* *dress;* sich ausziehen: *to undress* (oder *to take off one's clothes*)
Beispiel	wie zum Beispiel: *such as.* Large cities, *such as* London or Manchester.
besser	Als Präzisierung einer Aussage *rather,* nicht *better:* He hurried, or *rather* ran, past me. Er eilte, oder besser, rannte an mir vorbei.
Brot	ein Brot: *a loaf of bread;* eine Scheibe Brot: *a slice of bread;* belegtes Brot: *sandwich*
Büro	*office* ist die häufigste Übersetzung; *bureau* heißt in einigen Verbindungen (z. B. *information bureau*) auch „Büro".
delikat	wohlschmeckend: *delicious; delicate* ist nur „delikat" im Sinne von „hei- kel" (z.B. a *delicate matter*), sonst heißt es auch „zart", „zerbrechlich".

Gegensatz	„im Gegensatz zu" kann oft sehr einfach durch *unlike* wiedergegeben werden: *Unlike* her brother, she has black hair.
Gelegenheit	allgemeiner Anlass: *occasion*; günstige Gelegenheit: *opportunity* On that *occasion* I had an *opportunity* of talking to him.
Haare	He has fair *hair*. He wears his *hair* long. Aber: He pulled out two grey *hairs*.
Informationen	*information* niemals im Plural: I got some interesting (pieces of) *information*.
manchmal	*sometimes*; Nicht verwechseln mit: *some time*: irgendwann einmal *several times*: mehrmals
menschlich	*human* [ˈhjuːmən], *humane* [hju(ː)ˈmein] ein menschliches Wesen: a *human* being; humane Maßnahmen: *humane* measures
Nacken	*back of the neck*, nicht einfach *neck*!
neben	im räumlichen Sinne: *beside*; „außerdem": *besides*
Person	Gebrauchen Sie *person* möglichst wenig. Vor allem im Plural ist *people* vorzuziehen: This car seats five *people*.
Plastik	Werkstoff: *plastics*; Kunstwerk: *sculpture*
regieren	Regierung: *to govern*; König: *to reign*

sagen	„erzählen" und „sagen" sind in den meisten deutschen Sätzen austauschbar (vgl. Nr. 24 erzählen). Beachte: „es sagen": *to say so* und *to tell* (ohne *it*) Er sagte *es*. – He said *so*. Bitte, sag *es* John nicht. – Please don't tell John.
Salat	angemachter Salat: *salad* (*tomato salad, green salad,* etc.); Kopfsalat (nicht angemacht): *lettuce*
Schal	*scarf; shawl:* Umhang (Kopftuch: *scarf*)
Schlag	*blow* Substantiv zu den Verben *to hit, to strike* und *to beat;* (nicht verwandt mit *to blow:* blasen) *stroke* hat eine Reihe von speziellen Bedeutungen, besonders im Sport, oder z. B. *stroke:* Schlaganfall.
schmal	*narrow,* nicht *small*
sorglos	nachlässig: *careless;* unbekümmert: *carefree*
Soße	angemachte Soße: *sauce;* Bratensoße: *gravy;* Salatsoße: *dressing*
sterben	*to die;* auf gewaltsame Weise ums Leben kommen (Krieg, Unfall) meist: *to be killed*
Straße	Straße, von Häusern gesäumt: *street;* Landstraße: *road*
Strom	*river;* *stream* liegt in der Größe zwischen *brook* (kleiner Bach) und *river.*

Taube	gewöhnlich *pigeon; dove* hat meist symbolische Bedeutung (Friedenstaube).
wandern	am ehesten mit *to hike* wiederzugeben; *to wander* [ɔ]: ohne Ziel herumgehen, umherirren
Warenhaus	*(department) store;* *warehouse:* Lagerhaus
sich wundern	*to be surprised; to wonder* [ʌ] sich fragen, gern wissen wollen
zuviel	*too much* (bei nicht zählbaren Dingen); *too many people:* zu viele Leute Beachte: einer zuviel: *one too many.*

Lösungen des Einführungstests (S. 6–7)

Die Zahlen in Klammern verweisen auf die Nummern der entsprechenden deutschen Stichwörter.

1. pay for (11)
2. hardly ever (29)
3. healthy (37)
4. fault (73)
5. nearby (61)
6. what (93)
7. sick (48)
8. borrow (53)
9. either (4)
10. reminds of (22)
11. sensitive (75)
12. reviews (49)
13. another (94)
14. leave (52)
15. finished (31)
16. stolen (70)
17. use (14)
18. nearest (60)
19. well (37)
20. was (25)
21. look good (5)
22. first (103)
23. to being (38)
24. prescription (71)
25. last few (54)
26. explained to (23)
27. data (17)
28. what (93)
29. boiling (46)
30. two (7)
31. self-confidence (74)
32. policy (66)
33. fault (30)
34. fault (73)
35. at first (103)
36. imagination (65)
37. briefly (50)
38. recipe (71)
39. was (34)
40. noticed (9)
41. apologize (20)
42. latest (54)
43. cook (46)
44. says/tells you (24)
45. walk (35)
46. fat (18)
47. ill (48)
48. tell (24)
49. take (15)
50. people (55)
51. want him to (98)
52. don't have to (58)
53. have (8)

Index der englischen Wörter

Die Zahlen verweisen auf die Nummern der deutschen Stichwörter, außer es steht S. (= Seite) davor.